ARRESTS
DE LA COUR
DE PARLEMENT,

RENDVS AV PROFIT DES HVISSIERS
de ladite Cour : Contre les Sergens à Cheval
& à Verge au Chaſtelet de Paris : Et contre
les Huiſſiers Sergens des Requeſtes du Palais.

A PARIS,

Chez M. Le Preſt, ruë Saint Iacques,
devant la Fontaine S. Severin,
à la Couronne de France.

EXTRAIT DES REGISTRES
de Parlement.

VEuës par la Cour, les charges & informations faites par Ordonnance, & par l'vn des quatre Notaires d'icelle, à la requeste des Huissiers en ladite Cour, à l'encontre des Sergens à Verge, & de la douzaine du Chastelet de Paris, ensemble deux Arrests de ladite Cour, en datte du quatorziéme jour de Decembre 1531. & quinziéme iour de Mars 1536. avec certains exploits produits pardevers ladire Cour, & oüy sur ce le Procureur General du Roy : Et tout consideré, LA COVR a ordonné & ordonne que Iean Seret, vn appellé Bault, Guillaume Bodin, Iean Fere, Iean Cormexy, Pierre David, & vn appellé Aymé de Boissec Sergens audit Chastelet, seront oüis & interrogez sur le contenu esdites charges & informations par deux Conseillers de ladite Cour, qui à ce seront par elle commis, & cependant & jusques à ce que par ladite Cour autrement en soit ordonné. Icelle Cour leur a fait inhibitions & defenses de partir cette Ville de Paris sur peine d'estre attaint, & convaincus des cas à eux imposez. Et neantmoins a ordonné & ordonne que ledit Arrest par elle donné ledit jour 15. Mars audit an 1536. sera publié en la Chambre du plaidoyé de ladite Cour à iour de plaidoyrie ensemble és Auditoires Civil & Criminel dudit Chastelet aussi à iour de plaids iceux tenans, & aussi à la barriere dudit Chastelet, à ce que lesdits Sergens n'en puissent pretendre aucune cause d'ignorance. Et outre a defendu & defend ladite Cour aux Procureurs d'icelles, leurs Clercs & Solliciteurs de faire faire aucuns exploits ausdits Sergens dudit Chastelet, sur les Requestes réponduës par ladite Cour, n'autres quelconques exploits sur les extraits de ladite Cour selon, & ensuivant les Arrests par elle donnez sur peine d'amende arbitraire. Et aussi a defendu & defend au Bailly du Palais ou son Lieutenant de bailler aucun congé ou assistance ausdits Sergens pour executer en la sale du Palais lesdites Requestes réponduës par ladite Cour, Arrests, Lettres Royaux, executoires de dépens & autres Ordonnances sur ladite peine d'amande arbitraire. Prononcé en Iugement, tant en ladite Cour qu'esdites Auditoires, Civil & Criminel, & à la Bariere dudit Chastelet le quatorziéme jour de Fevrier, l'an mil cinq cens trente-sept. Signé, Malon : Et au dos est écrit, *Presenté à Monsieur Maistre Iean Aymery Conseiller du Roy, & Lieutenant General du Bailliage du Palais à Paris le 25 iour de Fevrier l'an 1537. par moy Notaire & Secretaire dudis Seigneur, l'vn des quatre Notaires de la Cour de Parlement soussigné. Signé DE BAGNOLLES.*

A

Extraict des Registres de Parlement.

VEV par la Cour, la Requeste à elle presentée par la Communauté des Huissiers de ladite Cour, contenant que combien que par plusieurs Arrests d'icelles, defenses eussent esté faites, & par plusieurs fois reiterées & publiées, tant au Chastelet de cette Ville de Paris, que autres Iurisdictions de ce Parlement, à tous Sergens & autres Officiers d'eux nommer & intituler Huissiers, ny faite aucunes significations d'Arrests par extrait, requestes & autres expeditions de ladite Cour, ny les mettre à execution. Et aussi de ne faire aucuns exploits au Palais, grand' Sale d'iceluy, & par consequence d'attacher aucunes affiches és portes, ny à la barre de ladite Cour; sur peine de nullité de faux, privation de leurs estats & offices d'amande arbitraire & de tous dépens, dommages & interests des parties. Neantmoins contrevenans à iceux par vn nommé Iean Foucher, & Georges Louvet Sergent à Verge au Chastelet de Paris auroient mis & apposé affiches à la Barre de ladite Cour, & vn nommé Lauzon Huissier Sergent és Monnoyes, auroit en vertu d'vne Requeste presentée à ladite Cour fait commandement à Maistre Antoine Flamant Clerc au Greffe du Chastelet d'apporter vn procez au Greffe d'icelle, requeroient, attendu lesd. contraventions faites ausdits Arrests, tant par lesdits Foucher, Louvet & Lauzon, & autres Sergens, leur estre permis prendre ou faire prendre prisonniers tous ceux qui contreviendroient ausdits Arrests, pour estre procedé comme de raison à l'encontre d'eux comme refracteurs & desobeissans à Iustice, & que lesdits Foucher, Louvet & Lauzon fussent adjournez à comparoir en personne en icelle, pour voir declarer les exploits par eux faits nuls & faux. Et pour la contravention par eux faite, estre encourus és amandes portées par lesdits Arrests. Et defenses à eux faites, & à tous autres, de à l'avenir plus recidiver, sur peine de privation de leurs estats, & punition corporelle s'il y écheoit. Veu aussi les Arrests de ladite Cour des 5. May 1571. 28. Iuin 1575. 12. & 17. Fevrier dernier passé. Et tout consideré, LADITE COVR a ordonné & ordonne, que lesdits Foucher, Louvet & Lauzon seront adjournez à comparoir en icelle à certain jour pour répondre & estre ouys sur le contenu cy-dessus, ausquels elle a fait & à tous autres Sergens, defenses de contrevenir ausdits Arrests & Ordonnances, sur les peines contenuës en iceux, & en cas de contravention, à permis & permet ausdits suppliants iceux prendre ou faire prendre & constituer prisonniers pour estre contre-eux procedé ainsi qu'il appartiendra par raison. Fait en Parlement le quatriéme iour de Mars, l'an mil cinq cents quatre-vingts-trois. Signé DE HEVEZ.

Extraict des Registres de Parlement.

ENtre la Communauté des Huissiers de la Cour de Parlement, demandeurs en execution d'Arrest selon la Requeste presentée à ladite Cour,

le 31. May dernier d'vne part, & Antoine Vernier Sergent au Chaſtelet de
Paris, defendeur d'autre. Veu par la Cour la demande deſdits demandeurs, defenſe, appointement en droit à écrire & produire, Advertiſſemens & produ&ions deſdites parties, & tout conſideré: Dit a este' que
ladite Cour a fait & fait inhibitions & defenſes au defendeur, & à tous
autres Sergens, de mettre à execution aucuns Arreſts par Extraits & Ordonnances des Conſeillers d'icelle, dedans la Ville & Banlieuë de Paris,
& de mettre aucunes affiches aux portes du Palais, & faire aucuns exploits
dans l'enclos d'iceluy de quelque Iuſtice que ce ſoit, ſur les peines contenuës és Arreſts de ladite Cour: & pour la contravention auſdits Arreſts, a
condamné & condamne le defendeur à la ſomme de quatre livres pariſis
d'amande: Et ſera le preſent Arreſt leu & publié audit Chaſtelet de Paris
l'Audiance tenant à la diligence dudit defendeur, & a&e de la publication
delivrée auſdits demandeurs: Et outre condamné ledit defendeur és
dépens de l'inſtance. Prononcé le vingt-ſixéme Mars mil ſix cens cinq.
    Signé, VOYSIN.

Extrai&t des Regiſtres de Parlement.

ENtre la Communauté des Huiſſiers de la Cour, demandeurs à l'enterinement d'vne Requeſte par eux preſentée à ladite Cour, le 27. No-
vembre 1607. d'vne part, & la Communauté des Huiſſiers-Sergens des Requeſtes du Palais, defendeurs d'autre. Veu par la Cour ladite Requeſte,
l'enterinement de laquelle eſt queſtion, defenſes deſdits defendeurs, Arreſt
reſt du 7. Février 1609. par lequel la Cour auroit appointé les parties en
droit à écrire par advertiſſement & produire, advertiſſemens & produ-
&ions deſdites parties, Arreſt du 8. iour de Fevrier 1610. par lequel auroit
eſté ordonné avant proceder au Iugement de ladite Inſtance, que les pro-
du&ions des parties leurs ſeroient communiquées, pour contre icelles bailler contredits & ſalvations dans le temps de l'Ordonnance, pour ce fait
eſtre ordonné ce que de raiſon. Requeſte preſentée à ladite Cour par leſdits demandeurs le 13. Fevrier dernier, par laquelle ils auroient employé
pour contredits, ce qu'ils avoient écrit & produit par le contenu en ladite
Requeſte, forcluſion de fournir contredits par leſdits defendeurs: Con-
cluſions du Procureur General du Roy, auquel ladite Inſtance auroit eſté
communiquée. Et tout conſideré: Dit a este' que ladite Cour ayant au-
cunement égard à ladite Requeſte, a fait & fait inhibitions & defenſes aux
Huiſſiers deſdites Requeſtes du Palais ſur peine de faux, & des dépens, dommages & intereſts des parties, de ſignifier & mettre à execution dans la
Ville & Banlieuë de Paris, les Requeſtes réponduës par ladite Cour, Or-
donnauce des Conſeillers & Commiſſaires deputez par icelles, encore qu'el-
les fuſſent adreſſées au premier Huiſſier ou Sergent, les Arreſts par extrai&
leſquels ny aura aucune commiſſion ny aucuns a&es, expeditions & pro-
ce dures concernans l'inſtru&ion des procez & inſtances pendantes en ladite Cour & à la Barre d'icelle, & pour le regard des Arreſts & Commiſſions

de ladite Cour adreſſante au premier Huiſſier ou Sergent, leſquels doivent
eſtre executez dans la Cour & ſalle du Palais, l'execution enſera faite par les
Huiſsiers d'icelle Cour privativement aux Huiſsiers deſdites Requeſtes &
tous autres, comme auſsi appartiendra auſdits ʜuiſsiers deſdites Requeſtes la ſignification des Requeſtes preſentées pardevant les gens tenans leſdites Requeſtes du Palais, actes, appointemens, & tous autres expeditions
concernans l'inſtruction des procez & inſtances pendantes eſdites Requeſtes
& faiᵗ inhibitions & defenſes auſdits Huiſsiers de la Cour d'entreprendre
ſur ladite charge & fonction apartenant auſdits Huiſsiers deſd Requeſtes,
ſans dépens. Prononcé le 7. Septembre mil ſix cens dix. Signé Voɪsɪɴ.

Extraict des Regiſtres de Parlement.

ENTRE la Communauté de Huiſſiers de la Cour, demandeurs en
execution & publication de l Arreſt de ladite Cour, du vingt-ſixiéme
iour de Mars mil ſix cens cinq, & defendeurs en Requeſte incidemment
preſentée le vingt-deuxiéme Iu n enſuivant d'vne part, & la Communauté des Sergens à cheval au Chaſtelet de Paris, defendeurs oppoſans à l'e-
xecution de publication dudit Arreſt, & demandeurs en ladite Requeſte,
tendante afin d'eſtre receus à leur oppoſition & maintenus en leurs privi-
leges & droits, meſmes d'exploiter tous Contracts & mandemens de Iuſtice dans l'enclos du Palais, mettre affiches aux portes d'iceluy, executer
tous Arreſts fors & reſervé ceux par extrait & les Ordonnances des Conſeillers d'icelle, n'ayant point commiſſion ny mandement au premier Huiſſier ou Sergent d'autre : & encore entre la Communauté des Sergens à
Verge au Chaſtelet de Paris, demanˌeurs en Requeſte preſentée par eux
le ɪſ. dudit mois de Iuin, tendante afin d'intervention en l'inſtance ſuſdite
d'vne part, & la Communauté des Huiſſiers de ladite Cour, & Guillaume Bellet Sergent à Verge dudit Chaſtelet defendeurs d'autre. VEV par la
Cour l Arreſt de l'execution de publication duquel eſt queſtion, lea Arreſts
des 8 Iuillet, & 26. Octobre 1605. par leſquels les parties ont eſté appoin-
tées en droit à écrire par avertiſſemens, & produire, bailler contredits
& ſalvations, & ioint, avertiſſemens deſdits Huiſſiers de la Cour, & Sergens à cheval cauſes d'oppoſition des Sergens à verge, & réponſes à
icelles, productions de toutes les parties, Arreſt du 13. Aouſt 1605. par lequel auroit eſté ordonné que les parties prendroient communiquation de
leurs productiõs, pour y bailler contredits & ſalvations. Requeſte deſ Huiſſiers portant renonciation de bailler contredits, du 22. Octobre 1606 contredits des Sergen à Verge, forcluſion d'en bailler par les Sergens à cheval,
ſalvation, des Huiſſiers de ladite Cour, production nouvelle par eux faite,
Requeſtes des 22. Aouſt, & 5. Decembre 1614. par leſquelles leſdits Sergens à verge & à cheval anroient renoncé de bailler contredits contre ladite production nouvelle, autres Requeſtes par leſdits Huiſſiers, preſentées
le 28. du preſent mois de Mars, par laquelle ils ſe ſeroient deportez des fins
&

& conclusions prises par eux contre ledit Bellet, consentans l'instance es-
stre jugée contre les Communautez des Sergens à cheval & à Verge,
conclusions du Procureur General du Roy : Tout consideré. Dit a este'
que ladite Cour, sans avoir égard à l'oposition des oposans, & Requeste du 22. Iuin, a ordonné & ordonne que l'Arrest du 26. Mars 1605. sera
leu & publié és Auditoires Civiles & Criminel du Chastelet de Paris, &
executé, ensemble les autres Arrests precedans selon leur forme & teneur,
fait inhibitions & defenses à tous Sergens à cheval & à verge d'y contrevenir, à peine d'amande arbitraire, & plus grande s'il y échet, & neantmoins sans dépens. Prononcé le vingt neufiéme jour de Mars mil six
cens seize.   Signé, VOYSIN.

Extrait des Regiftres de Parlement.

ENTRE la Communauté des Huissiers de la Cour demandeurs en
contravention des Arrests d'icelle, des 2 Decembre 1620, 23 Decembre 1622, 24 Avril & 19 May 1623, suivant la requeste par eux
presentée à ladite Cour le 10 Fevrier dernier, d'une part. Et Maistre
Jean Plessart Huissier Sergent des Requestes du Palais, & M. Jacques
Chevrier Procureur en ladite Cour defendeurs d'autre. Et entre la Communauté des Huissiers Sergens aux Requestes du Palais demandeurs en
requeste du 19 Mars dernier, d'une part. Et lesdits Huissiers de la Cour,
& ledit Plessart deffendeurs, d'autre part. VEU par la Cour ladite requeste du 10 Fevrier 1637, & demande desdits Huissiers de la Cour,
tendante à ce que lesdits defendeurs soient condamnez solidairement
rendre & restituer aux demandeurs les emolumens à eux deûs pour l'information faite par ledit Plessart à la requeste dudit Chevrier, en vertu
d'un Arrest de la Cour du premier Octobre 1636, alencontre de Samuel
Gaudon, Guy Cautier & consors, sous pretexte que ledit Arrest est ad-
dressé au premier des Huissiers ou Sergens, & pour la contravention par
eux faite ausdits Arrests, en chacun huit livres parisis de peine envers
lesdits demandeurs, & ce faisant que ladite information soit declarée nul-
le, avec defenses ausdits Chevrier, Plessart, & autres Procureurs de ladite Cour, Huissiers & Sergens desdites Requestes & tous autres de contrevenir à l'avenir ausdits Arrests, & de signifier & executer à l'avenir
en cette ville, fauxbourgs & banlieuë d'icelle aucunes requestes de ladite Cour, ordonnances des Conseillers & Commissaires d'icelle, encores que l'adresse fust au premier des Huissiers ou Sergens sur ce requis;
ny faire aucunes actes, expeditions & autres procedures servans pour
l'instruction des procez & instances pendantes en ladite Cour & barre
d'icelles, Executoires, Arrests interlocutoires ou diffinitifs, encore que
les Arrests soient en forme, ou qu'il y ait Commission pour ce faire, &
de faire en vertu d'iceux aucunes informations, enquestes, examen de
témoins, collations ny reconnoissances dependans des procez & instan-

B

ces pendant en ladite Cour, à peine de nullité, dommages & interests des parties, & de cinq cens livres d'amende, ou telle autre peine qu'il plaira à la Cour ordonner, & les defendeurs condamnez és dépens. Defenses desdits Plessart & Chevrier, appointement en droit, écritures & productions desdites parties, contredits dudit Plessart suivant l'Arrest du 20 May dernier, requeste desdits Huissiers de la Cour du 5 Juin audit an employée pour contredits, forclusion d'en fournir par ledit Chevrier, ladite requeste de la Communauté desdits Huissiers des Requestes du Palais tendante afin d'estre receus parties intervenans en ladite instance pour y déduire leur interest. Appointement en droit à écrire & produire sur ladite intervention dans huitaine, pendant laquelle fourniroient les intervenans de leurs moyens d'intervention, & les defendeurs de réponses, si bon leur sembloit, & joint à l'instance principale, forclusion de fournir par la Communauté desdits Huissiers des Requestes du Palais de moyens d'intervention, production desdits Huissiers de la Cour faite sur ladite intervention. Requeste desdits Huissiers des Requestes du Palais & dudit Plessart du 13 May dernier, employée pour production sur ladite intervention, contredits desdits Huissiers des Requestes du Palais & dudit Plessart suivant ledit Arrest du 20 May dernier. Requeste desdits Huissiers de la Cour employée pour contredits, deux productions nouvelles desdits Huissiers de la Cour. Requeste desdits Huissiers des Requestes du Palais employée pour contredits, autre production nouvelle desdits Huissiers des Requestes du Palais. Requeste desdits Huissiers de la Cour du 31 Decembre dernier employée pour contredits. Conclusions du Procureur general du Roy, & tout consideré : DIT A ESTE' que ladite Cour faisant droit sur le tout a ordonné que les Arrests des 21 Janvier 1606 & 7 Septembre 1610, 22 Fevrier 1614, 2 Decembre 1620. 23 Decembre 622, 14 Avril & 19 May 623, & autres donnez en consequence seront executez selon leur forme & teneur; avec defenses ausdits Plessart & autres Huissiers Sergens des Requestes du Palais d'y contrevenir, & signifier à l'avenir en cette ville de Paris, fauxbourgs & banlieuë d'icelle aucuns actes pour l'instruction des procez, ny executer aucuns Arrests interlocutoires, encores qu'ils soient en forme ou qu'il y ait Commission sur iceux, & faire en vertu d'iceux aucunes informations, enquestes, examen de témoins, compulsoire, collations ou reconnoissances de pieces dependans des procez ou instances pendans en lad. Cour : & audit Chevrier & à tous autres Procureurs de faire executer les Arrests & Commissions pour informer & autres Arrests interlocutoires pour instruction des procez pendans en ladite Cour, ny faire signifier aucuns Arrests interlocutoires ou diffinitifs en cette ville, fauxbourgs & banlieuë de Paris, encores que lesdits Arrests soient en forme ou qu'il y ait Commission sur iceux, par autres que lesdits Huissiers de la Cour à peine de nullité, dommage & interest des parties, & de cinq cens livres d'amende, & sur le surplus des demandes, fins &

conclufions defdits Huiſſiers de la Cour contre ledit Chevrier, a mis
& met les parties hors de Cour & de procez ſans dépens pour ce regard;
condamne leſdits Pleſſart & intervenans és dépens liquidez & moderez
à vingt-quatre livres pariſis : A ordonné & ordonne que le preſent Arreſt ſera leu en la Communauté deſdits Procureurs. PRONONCE' le
deuxiéme jour de Janvier mil ſix cens trente-huit. Signé GUYET.

Extrait des Regiſtres de Parlement.

ENTRE Nicolas Boucault, Sergent à Verge au Chaſtelet de Paris,
appellant de l'empriſonnement fait de ſa perſonne és priſons de
la Conciergerie du Palais, le 15. Iuin 1655. & defendeur d'vne part :
Et la Communauté des Huiſſiers de ladite Cour, intimez & demandeurs
aux fins de la Requeſte du 16.dud. mois de Iuin, d'autre : Et encore entre ledit
Boucault incidemment appellant dudit empriſonnement fait de ſa perſonne, à la requeſte de ladite Communauté des Huiſſiers, par Maiſtre Pierre
Laurent l'vn d'eux, ſans aucun pouvoir ny mandement : Et ledit Laurent
Syndic de ladite Communauté, intimé & pris à partie en ſon nom, d'autre. VEV par la Cour l'écrouë dudit empriſonnement, dont eſt appel, fait
de la perſonne dudit Boucault Sergent, par ledit Laurent Huiſſier en icelle,
à la requeſte de ladite Communauté, ledit jour 15. Iuin 1655. pour avoir par
luy contrevenu aux Arreſts & Reglemens, & avoir ſignifié vn Arreſt &
Ordonnance d'icelle à Maiſtre   le Clerc ſieur de Courcelles, Conſeiller du Roy en ladite Cour, & pluſieurs autres, contre & au prejudice
deſdits Arreſts & Reglemens. Arreſt d'appointé au Conſeil ſur leſdites appellations des 27. Iuillet & 2. Septembre 1655. Cauſes d'appel dudit Boucault, contenans ſes conclusions, à ce qu'il fuſt dit qu'il avoit eſté mal &
nullement procedé, l'empriſonnement fait de ſa perſonne declaré injurieux,
tortionnaire & déraiſonnable, l'écrouë rayé & biffé, enſemble le procez
verbal dudit empriſonnement fait par ledit Laurent, dont il ſeroit condamné rapporter la minutte à cette fin : & les intimez ſolidairement condamnez aux dommages & intereſts, & en tous les dépens Réponſes de ladite
Communauté & dudit Laurent Syndic, contenans leurs conclusions, à ce
qu'il fuſt dit qu'il avoit eſté bien procedé, executé & empriſonné par ledit
Laurent qui ſeroit declaré follement intimé, mal & ſans grief appellé par
ledit Boucault, lequel ſeroit condamné leur rendre & reſtituër les émolu-
mens qu'il a receus, ſuivant la taxe ordinaire, pour les ſignifications qu'il
a faites pour Maiſtre Iean Doublet à Maiſtre   le Clerc ſieur de Courcelles, Conſeiller en la Cour & à pluſieurs autres perſonnes, creanciers dudit Doublet, & pour les contraventions par luy faites aux Arreſts & Reglemens de ladite Cour, en huit cens livres pariſis d'amende pour chacune contravention, envers ladite Communauté des Huiſſiers. Ce faiſant, que leſdites ſignifications fuſſent declarées nulles, avec defenſes à luy & à tous
autres Sergens de reſcidiver, à peine de plus grande amende envers eux, de

faux & de punition corporelle, dommages & interefts des parties, & outre en tous les dépens. Ladite Requefte du 16. Iuin 1655. & demande de la
Communauté defdits Huiffiers de la Cour, à ce qne leurs fins & conclufions
cy-deffus leurs fuffent adjugées, avec dépens. Defenfes dudit Boucault,
contenans qu'il avoit pouvoir par l'Edit de creation de fa Charge, & par plu-
fieurs Arrefts, de fignifier & mettre à execution toutes fortes d'Arrefts ou
Commiffions fcellées fur iceux, comme il a fait celuy obtenu par ledit
Doublet à qui befoin a efté, veu mefme que la Commiffion obtenuë fur
ledit Arreft, donne pouvoir à toutes fortes d'Huiffiers & Sergens de le fignifier, confequemment point de raifon de demander la reftitution d'é-
molumens lefdit. Exploits ; n'eftant jufte que lefdits intimez profitent du
travail dudit Boucault qui n'avoit fait que le deu de fa charge : Et quant
au fecond chef de leur demande, afin de condamnation d'amande, ils y
eftoient mal fondez, parce que ledit Boucault n'avoit point contrevenu
ayant fignifié vn Arreft & Commiffion fur iceluy, adreffante au premier
Huiffier ou Sergent Royal, & ainfi l'avoit pû faire, ce qu'eftant conftant,
& n'ayant fait que ce qui luy eftoit permis : lefdites fignifications eftoient
dans l'ordre, & ne devoient eftre declarées nulles, comme l'on deman-
doit, ce qui ne provenoit que de l'animofité des demandeurs contre le corps
des Sergens à Verge dudit Chaftelet. Que fi leur pretention avoit lieu, les
Sergens ne pourroient mettre aucun Arreft de la Cour à execution, ny faire aucunes fignifications en vertu d'iceux, encore qu'il y ait Commiffion
fcellée. Ce qui iroit non feulement à la ruine des Offices des Sergens &
de leur famille, mais mefme à la charge du public, en ce que s'il n'y avoit
que les Huiffiers de la Cour, qui euffent pouvoir d'exploiter les
Arefts de la Cour, en forme & Commiffion fur iceux, ils ne pou-
roient fervir à vn chacun, & ainfi toutes les affaires du public demeu-
reroient à faire : ce qui faifoit voir que les Edits, Arrefts & Reglements
n'avoient point exclu s les Sergens à Verge de mettre les Arrefts ou Commiffions fcellées fur ceux qni font par Extraict à execution, mais
feulement ceux qui ne font qne par Extraict & fans Commiffion, qui
ne peuvent eftre faits par les Sergents. Appointement en droit &
ioint. Deux productions dudit Boucault : l'vne contre ladite Communauté des Huiffiers fur le tout : & l'autre contre ledit Laurent. Production de
ladite Communauté & dudit Laurent, auffi fur le tout. Autre Requefte
de ladite Communauté des Huiffiers de la Cour du   iour
de May dernier, à ce qu'en procedant au Iugement de ladite inftance, il
fuft ordonné que les Arrefts des 14. Feurier 1557 4. Mars 1583. 4. Septembre 1602 4. Decembre 1613. 2 Septembre 1616. 5 Février 1632. 1. Ian-
vier, 24. Iuillet & 31 Decembre 1638. 9. Avril 1639 19. May 1640. &
premier Septembre 1655. & autres rendus en confequence, feroient executez felon leur forme & teneur, auec iteratiues deffences audit Boucault & à tous autres Huiffiers & Sergents, mefme à ceux de l'enclos du
Palais d'y contreuenir, & que leurs autres fins & conclufions leur fuffent

sent adjugées, & afin qu'aucun ne pretende cause d'ignorance de l'Arrest
qui interuiendroit, qui fust leu & publié en l'Audiance du Balliage du
Palais & du Chastelet de Paris, mesme en la Communauté des Aduocats & Procureurs de la Cour, & par tout où besoin sera Ladite Requeste mise au sac, pour en iugeant y faire droit. Conclusions du Procureur
General du Roy & tout consideré DIT A ESTE', que ladite Cour a mis &
met les appellations, & ce dont a esté appellé au neant. Emendant,
demeurera ledit Boucault eslargy purement & simplement, & de gra-
ce sera l'escrouë de l'emprisonnement rayé & biffé. Et faisant droit sur les
Requestes de la Communauté desdits Huissiers, ordonne que les Arrests
& Reglemens seront executez. Fait deffences audit Boucault & à tous
autres Huissiers & Sergens, tant du Chastelet, que des autres Iurisdictions, mesme de l'enclos du Palais d'y plus contreuenir, & de signifier
ny executer en cette Ville, Faux-bourgs & Banlieuë, aucunes Requestes
& Arrests de la Cour, interlocutoires. Ordonnances des Conseillers &
Commissaires d'icelle, compulsoires, & tous autres actes servans à l'instruction des procez & instances pendantes en la Cour, soit que lesdits
Arrests soient en forme, ou qu'il y ait Commission scellée sur lesdites
Ordonnances & Arrests interlocutoires, & que lesdites Requestes & Ordonnances soient addressées au premier Huissiers ou Sergent, mesme
hors ladite Ville & Banlieuë, sans Commission, en Chancellerie, à peine de faux, nullité des Exploits, restitution des esmolumens, 48. liures
parisis d'amende, & de tous despens, dommages & interests : & en cas
de contrauention, permet aux demandeurs d'emprisonner les contreue-
nans, condamne ledit Boucault leur rendre & restituer les esmolumens
des significations par luy faites, & dont est question, & aux despens; le
tout liquidé à douze liures parisis, & en conseqnence sur la prise à partie
contre ledit Laurent; les parties hors de Cour & sans autres despens; Et
sera le present Arrest leu & publié au Bailliage du Palais & Chastelet de
Paris, l'Audiance tenant, & par tout où besoin sera, mesme en la Communauté des Aduocats & Procureurs de la Cour, à ce qu'aucun n'en puis-
se pretende cause d'ignorence. PRONONCE' le 13. iour de May mil six cens
cinquante-six, Signé, GVYET.